Bachgen bach digon cyffredin oedd Dewi. Roedd ganddo wallt golau anniben, llygaid glas yn cuddio y tu ôl i sbectol drwchus a thrwyn bach smwt. Yn yr haf, byddai ei wyneb yn llawn brychau haul.

Roedd ganddo ddau frawd hŷn, Osian ac Ifan, ond doedden nhw ddim yn fodlon chwarae gyda Dewi.

Doedd Osian ac Ifan ddim yn hoffi Lego a
doedden nhw ddim yn hoffi chwarae cuddio.
Doedden nhw ddim yn gwybod am gyfrinach
Dewi chwaith.

Yn ei amser hamdden, roedd Dewi yn archarwr
go iawn! Roedd Dewi wedi dal sawl dihiryn, wedi
achub cathod oddi ar goed, ac wedi helpu ambell
fam-gu i groesi'r ffordd.

Roedd pencadlys Dewi yn y cwpwrdd dan staer,
ond doedd neb arall yn gwybod hynny.

Yng nghanol yr annibendod, y potiau paent, y brwsh a'r hwfer, roedd botwm coch. Pan fyddai'r botwm coch yn fflachio, byddai sbectol gyffredin Dewi yn trawsnewid i fod yn sbectol pelydr-pipo. Dyma'r neges i Dewi fod angen help ar rywun.

Yna, byddai wal y cwpwrdd dan staer yn troi i ddatgelu cyfrifiadur. Roedd hwnnw'n dangos i Dewi yn union ble roedd yr argyfwng.

Dilynwch hanes wythnos ym mywyd Dewi Dewr …

Dydd Sul

Saethodd neges ar draws ei sbectol. Beth fyddai'r argyfwng heddiw tybed? Aeth ar frys i'r cwpwrdd dan staer.

Edrychodd Dewi Dewr ar y sgrin yn ofalus. Gwelodd griw o blant yn chwarae pêl-droed yn y parc.

Am hwyl, meddyliodd Dewi, nes iddo weld merch fach yn rhedeg ar draws y parc tuag at ffordd brysur. O na! Roedd hi'n mynd i nôl y bêl o ganol y ffordd.

Hedfanodd allan o'r cwpwrdd dan staer a'i glogyn yn chwifio yn y gwynt. Aeth heibio i'r tai a'r siopau nes cyrraedd y parc. Edrychodd o'i gwmpas gyda'i sbectol pelydr-pipo.

"Dewi Dewr – dyma fi'n dod!" gwaeddodd.

Gwibiodd Dewi mewn fflach a glanio wrth ymyl y bêl. Cipiodd y bêl yn sydyn cyn i gar yrru heibio'n wyllt. Syllodd y ferch arno mewn syndod.

"Mae'r ffordd yn lle peryglus. Gallet ti fod wedi cael dy daro gan gar neu achosi damwain," rhybuddiodd Dewi.

"Diolch, Dewi Dewr," meddai'r ferch.

"Dim ond rhan o 'ngwaith i. Bydd yn ofalus. Hwyl fawr."

Dydd Llun

Saethodd neges ar draws ei sbectol. Beth fyddai'r argyfwng heddiw tybed? Aeth ar frys i'r cwpwrdd dan staer.

Edrychodd Dewi Dewr ar y sgrin yn ofalus. Sylwodd ar blant yn chwarae ar lan yr afon.

Am braf, meddyliodd Dewi, nes iddo weld bachgen bach yn barod i gamu ar gerrig llithrig er mwyn croesi'r afon. O na!

Hedfanodd allan o'r cwpwrdd dan _____ a'i glogyn yn chwifio yn y gwynt. Aeth dros y coed a thrwy'r perthi, cyn glanio ar lan yr afon.

"Dewi Dewr – dyma fi'n dod!" gwaeddodd.

Gwibiodd Dewi gan godi'r bachgen cyn iddo fentro ar y garreg gyntaf. Rhoddodd y bachgen yn ôl i lawr ar lan yr afon. Syllodd hwnnw arno â cheg agored.

"Mae'r afon yn lle peryglus. Gallet ti fod wedi llithro a tharo dy ben ar y cerrig," rhybuddiodd Dewi.

"Diolch, Dewi Dewr," meddai'r bachgen.

"Dim ond rhan o 'ngwaith i. Bydd yn ofalus. Hwyl fawr."

Dydd Mawrth

Saethodd neges ar draws ei sbectol. Beth fyddai'r argyfwng heddiw tybed? Aeth ar frys i'r cwpwrdd dan staer.

Edrychodd Dewi Dewr ar y sgrin yn ofalus. Gwyliodd blant yn hedfan barcud.

Dim problem, meddyliodd Dewi, nes iddo weld gwifrau trydan uwch eu pennau. O na!

Hedfanodd allan o'r cwpwrdd dan staer a'i glogyn yn chwifio yn y gwynt. Aeth ar hyd glan yr afon ac o dan y bont, cyn glanio yn y cae lle'r oedd y plant. Roedd y gwynt yn chwythu'r barcud tuag at y gwifrau.

"Dewi Dewr – dyma fi'n dod!" gwaeddodd.

Gwibiodd Dewi tuag at y barcud a'i ddal cyn i'r llinyn gario'r trydan at y plant. Yna, rhoddodd y barcud yn ôl iddyn nhw. Syllodd y plant arno mewn penbleth.

"Mae'r gwifrau'n cario trydan ac yn beryglus iawn," rhybuddiodd Dewi.

"Diolch, Dewi Dewr," meddai'r plant.

"Dim ond rhan o 'ngwaith i. Byddwch yn ofalus. Hwyl fawr."

Dydd M...

Saethodd neges a... ...a...
argyfwng heddiw tybed? Aeth ar frys i'r c...pwrdd
dan staer.

Edrychodd Dewi Dewr ar y sgrin yn ofalus.
Sylwodd ar griw o blant yn cael hwyl ar eu beiciau
ar stad o dai.

Am sbort, meddyliodd Dewi, nes iddo weld nad oedd
un ferch yn gwisgo helmed. O na!

Hedfanodd allan o'r cwpwrdd dan staer a'i glogyn yn chwifio yn y gwynt. Aeth drwy'r parc a thros ben yr adeiladau nes cyrraedd y stad o dai.

Roedd y plant yn mynd yn gyflym ar eu beiciau, a gwelodd Dewi garreg yng nghanol y ffordd. Roedd y ferch heb helmed yn mynd yn syth tuag at y garreg.

"Dewi Dewr – dyma fi'n dod!" gwaeddodd.

Gwibiodd Dewi fel mellten tuag at y garreg a'i chipio oddi yno mewn pryd. Syllodd y ferch arno'n syn.

"Mae'n rhaid bod yn ofalus a gwisgo helmed pan wyt ti ar gefn beic. Gallet ti fod wedi syrthio a brifo dy hun wrth fynd dros y garreg," rhybuddiodd Dewi.

"Diolch, Dewi Dewr," meddai'r ferch.

"Dim ond rhan o 'ngwaith i. Bydd yn ofalus. Hwyl fawr."

Dydd Iau

Saethodd neges ar draws ei sbectol. Beth fyddai'r argyfwng heddiw tybed? Aeth ar frys i'r cwpwrdd dan staer.

Edrychodd Dewi Dewr ar y sgrin yn ofalus. Gwelodd wyau yn berwi mewn sosban, a bachgen bach yn chwarae gyda'i deganau ar lawr y gegin.

Blasus, meddyliodd Dewi, nes iddo weld fod handlen y sosban yn pwyntio allan. O na! Roedd tad y bachgen bach yn siarad ar y ffôn a'r bachgen yn ceisio estyn am y sosban.

Hedfanodd allan o'r cwpwrdd dan staer a'i glogyn yn chwifio yn y gwynt. Aeth dros drên cyflym ac i mewn drwy ffenest gegin y tŷ ger y rheilffordd.

"Dewi Dewr – dyma fi'n dod!" gwaeddodd.

Gwibiodd Dewi fel mellten a symud y sosban yn sydyn. Syllodd y dyn ar Dewi yn gegrwth.

"Gallai'r dŵr berwedig fod wedi cwympo dros eich mab a'i losgi," rhybuddiodd Dewi.

"Diolch, Dewi Dewr," meddai'r dyn â rhyddhad yn ei lais.

"Dim ond rhan o 'ngwaith i. Byddwch yn ofalus. Hwyl fawr."

Dydd Gwener

Saethodd neges ar draws ei sbectol. Beth fyddai'r argyfwng heddiw tybed? Aeth ar frys i'r cwpwrdd dan staer.

Edrychodd Dewi Dewr ar y sgrin yn ofalus. Sylwodd ar blant yn y goedwig yn creu cuddfan.

Am sbri, meddyliodd Dewi, nes iddo weld bod ganddyn nhw focs matshys. O na!

Hedfanodd allan o'r cwpwrdd dan staer a'i glogyn yn chwifio yn y gwynt. Aeth i fyny'r mynydd ac i lawr y pant, cyn glanio yng nghanol y goedwig.

"Dewi Dewr – dyma fi'n dod!" gwaeddodd.

Gwibiodd Dewi fel mellten a chipio'r bocs matshys o ddwylo un o'r plant. Syllodd y plant ar Dewi mewn rhyfeddod.

"Gallai'r rhain achosi niwed mawr i'r goedwig, ac yn waeth byth, gallech chi gael eich llosgi'n ddifrifol," rhybuddiodd Dewi.

"Diolch, Dewi Dewr," meddai'r plant. "Wnawn ni ddim chwarae gyda matshys eto."

"Dim ond rhan o 'ngwaith i. Byddwch yn ofalus. Hwyl fawr."

Dydd Sadwrn

Saethodd neges ar draws ei sbectol. Beth fyddai'r argyfwng heddiw tybed? Aeth ar frys i'r cwpwrdd dan staer.

Edrychodd Dewi Dewr ar y sgrin yn ofalus. Gwyliodd Osian ac Ifan, ei frodyr, yn cerdded ar hyd y stryd tuag at y siop. Mae'n siŵr eu bod nhw'n mynd i brynu bara a llaeth i Mam.

Gobeithio y byddan nhw'n prynu losin hefyd, meddyliodd Dewi, nes iddo weld bwli mawr yr ysgol a'i gang yn sefyllian ar y stryd. O na!

Hedfanodd allan o'r cwpwrdd dan staer a'i glogyn yn chwifio yn y gwynt. Aeth i'r chwith ar y gornel ac ymlaen i gyfeiriad y siop.

Drws nesaf i'r siop, glaniodd Dewi rhwng ei frodyr a'r bwlis. Roedd yn rhy hwyr. Roedd arweinydd y gang wedi mynd ag arian Osian ac Ifan ac yn rhedeg i ffwrdd.

"Gadewch hyn i fi," gwaeddodd Dewi ar ei frodyr. "Dewi Dewr – dyma fi'n dod!"

Hedfanodd Dewi ar ôl y bwli a'i daclo i'r llawr fel chwaraewr rygbi. "Paid â 'mrifo i," sgrechiodd y bwli fel babi, gan roi'r arian i Dewi â dagrau yn ei lygaid.

Rhoddodd Dewi'r arian yn ôl i Osian ac Ifan. Edrychodd y brodyr ar ei gilydd gan ddweud, "Diolch, Dewi Dewr, ond pwy wyt ti? Rwyt ti'n swnio'n gyfarwydd."

"Dim ond rhan o 'ngwaith i. Dwi'n ffrind i bawb," atebodd Dewi gyda gwên, cyn hedfan am adref.

Roedd Dewi wedi blino'n lân ar ôl wythnos brysur yn y gwaith. Roedd ar fin mynd i'r cwpwrdd dan staer pan ddaeth Osian ac Ifan ato.

"Beth wyt ti wedi bod yn ei wneud drwy'r wythnos?" holodd Ifan.

"Dydyn ni heb dy weld di rhyw lawer," meddai Osian.

"Dim byd mawr, dim ond wythnos gyffredin," atebodd Dewi.

"Beth am i ni'n tri chwarae Lego?" awgrymodd Ifan.

O, am braf, meddyliodd Dewi. Dim argyfwng a digon o amser i chwarae gyda'i frodyr. Tybed a oedden nhw wedi dyfalu?

"Beth allwn ni ei adeiladu?" holodd Dewi, wedi gwirioni.

"Beth am … bencadlys i archarwr?" awgrymodd Osian.